A MON PÈRE.

———

A MES ONCLES.

L. BATBEDAT.

FACULTÉ DE DROIT DE STRASBOURG.

PROFESSEURS.

MM. Aubry ✳, doyen. . . . . . Droit civil français.
Hepp ✳ . . . . Droit des gens.
Heimburger . . . . Droit romain.
Thieriet ✳ . . . . Droit commercial.
Schützenberger ✳ . . . . Droit administratif.
Rau ✳ . . . . Droit civil français.
Eschbach. . . . . Droit civil français.
Lamache ✳. . . . . Droit romain.
N.   Procédure civile et législation crimin.

MM. Destrais, professeur suppléant.

Michaux-Bellaire, ⎫
Beudant,   ⎬ professeurs suppléants provisoires.

M. Blœchel ✳, professeur honoraire.

M. Bécourt, officier de l'Université, secrétaire, agent comptable.

M. Aubry, Président de la thèse.

Examinateurs MM. ⎧ Hepp.
                ⎨ Heimburger.
                ⎩ Beudant.

La Faculté n'entend ni approuver ni désapprouver les opinions particulières au candidat.

DROIT CIVIL FRANÇAIS.

Des causes qui dispensent de la tutelle. — De l'incapacité, des exclusions et destitutions de la tutelle.

(Code Napoléon, art. 427—450.)

Il était indispensable que le mineur, en raison de son âge et de son inexpérience des affaires, trouvât, dès qu'il serait privé de ses père et mère ou de l'un d'eux, un appui pour remplacer celui qu'il venait de perdre. La loi lui devait donc une protection spéciale. Elle devait, dans sa prévoyance, suppléer à la direction qui lui manquait. De là l'origine de la tutelle.

La tutelle est une charge publique par laquelle la loi commet à celui qui en est revêtu le soin de la personne et des biens de celui qui, par la faiblesse de son âge, est hors d'état de se conduire et d'administrer ce qui lui appartient.

Toute tutelle vient de la loi.

Pourtant on l'appelle légitime, quand elle est déférée directement par la loi elle-même; testamentaire, quand le tuteur a été désigné par le dernier mourant des père et mère; dative, quand elle est déférée par le conseil de famille.

1

De ce que la tutelle est une fonction publique, nous tirons cette conséquence qu'elle est en principe obligatoire pour tous ceux qui y sont appelés. Cependant la loi a prévu certains cas dans lesquels elle permet aux tuteurs nommés de se décharger de la tutelle comme d'un fardeau. En effet, en établissant la tutelle, la loi avait en vue l'intérêt exclusif du mineur, et elle aurait manqué son but si elle avait, par une exigence malentendue, mis cet intérêt en opposition avec celui du tuteur, ou si elle l'avait confié à des mains incapables ou indignes.

Aussi les rédacteurs du Code comprenant les abus qu'aurait pu entraîner un pareil système, ont-ils admis deux espèces de causes qui éloignent ou peuvent éloigner de la tutelle ceux qui y sont appelés. Par la première espèce de ces causes, le tuteur peut, bien qu'étant apte, se décharger de la tutelle. Par la seconde, il est déclaré incapable ou exclus.

Nous diviserons donc notre matière en deux sections (c'est la division adoptée par le Code). La première section traitera des causes qui dispensent de la tutelle. Elle se subdivisera en deux paragraphes: §. 1.er, des causes fondées sur un intérêt général; §. 2. des causes fondées sur un intérêt privé.

La 2.e section contiendra les causes d'incapacité, d'exclusions et de destitutions de la tutelle. Elle formera aussi deux paragraphes : §. 1.er des causes d'incapacité; §. 2. des causes d'exclusion et de destitution.

SECTION Ire

Des causes qui dispensent de la tutelle.

———

A l'exemple des Romains, les législateurs français ont compris qu'il pourrait y avoir un grand nombre de circonstances dans lesquelles un tuteur se trouverait dans l'impossibilité de gérer la tutelle d'une manière efficace. En conséquence ils ont admis les causes d'excuses à l'aide desquelles ils peuvent s'en dispenser. Nous allons les examiner dans les deux paragraphes suivants.

§ 1.er

Des causes fondées sur un intérêt général.

La loi a pensé que le tuteur placé entre des intérêts publics qui lui auraient été confiés et les intérêts du mineur, aurait pu souvent négliger les uns au profit des autres. Elle lui a donc permis de se soustraire à cet inconvénient.

Parmi les causes d'excuses les unes sont perpétuelles, les autres temporaires. Les unes dispensent d'accepter la tutelle *(a suscipienda tutela)*, mais ne suffisent pas pour décharger d'une tutelle déjà en exercice *(a tutela accepta)*; les autres, au contraire, dispensent d'accepter la tutelle, comme elles en déchargent celui qui en est déjà chargé.

Les causes qui dispensent de la tutelle, fondées sur un intérêt général, sont contenues dans la seconde édition du Code Napoléon, révisée en 1807, articles 427 et suivants.

Sont dispensées de la tutelle :

1.º Les personnes contenues dans les titres III, V, VI, VIII, IX, X et XI de l'acte du 18 mai 1804. Ce sont :

« Les membres de la famille impériale, les princes grands digni-
« taires de l'empire, qui sont : le prince grand électeur, le prince
« archichancelier de l'empire, le prince archichancelier de l'État, le
« prince architrésorier, le prince connétable, le prince grand amiral,
« les princes vice-grand électeur et vice-grand connétable.

« Les grands officiers de l'empire, qui sont : les maréchaux de
« l'empire, les colonels-généraux de l'artillerie et du génie, des troupes
« à cheval et de la marine.

« Le grand aumônier, le grand chambellan, le grand maréchal
« du palais, le grand veneur, le grand maître des cérémonies, le
« grand chancelier, le grand trésorier de la légion d'honneur sont
« assimilés aux grands officiers de l'empire.

« Les sénateurs, les conseillers d'État, au nombre desquels il faut
« comprendre les ministres.

« Les membres du corps législatif. »

Toutes ces causes d'excuses consistent dans les dignités et les fonctions de ceux qui sont appelés à la tutelle. Le Code civil de 1804
en avait dispensé les membres des autorités établies par les
titres II, III et IV de l'acte constitutionnel du 22 frimaire an
VIII. La seconde édition, revisée en 1807, a considérablement changé
la disposition de l'édition originale, en renvoyant à l'acte du 18 mai
1804. Depuis la révision de 1807, les changements de gouvernement
qui se sont succédé ont nécessairement apporté des modifications
à toutes ces dispositions. Aussi nous considérons comme dispensés
de la tutelle tous ceux qui occupent des fonctions ou sont revêtus
de dignités existant encore actuellement ou correspondant à celles
énoncées dans l'acte du 18 mai 1804.

Il y avait encore certains fonctionnaires que le Code de 1804 dispensait de la tutelle, c'étaient les commissaires de la comptabilité *natio-
nale.* Le Code de 1807 dispensait les commissaires de la comptabilité
impériale. Une loi du 16 septembre même année ayant confié la
comptabilité publique à la Cour des comptes, l'édition du Code,

publiée en 1816, supprima la disposition du Code de 1807; mais on ajouta en note l'article 7 de la loi du 16 septembre 1807, « la Cour des comptes prend rang immédiatement après la Cour de cassation et *jouit des mêmes prérogatives.* » Les magistrats de la Cour de cassation étant dispensés de la tutelle, ceux de la Cour des comptes se trouvent donc évidemment jouir du même privilége.

Le Conseil d'État a rejeté des propositions qui lui avaient été faites pour admettre les excuses des membres du Conseil des Prises, des procureurs généraux et impériaux, des juges d'appel et de 1re instance, des juges de paix. (Locré, t. 6, p. 155.)

2º Les présidents et conseillers à la Cour de cassation, le procureur général et les avocats généraux en la même cour.

3.º Les préfets;

4.º Tous citoyens exerçant une fonction publique dans un département autre que celui où la tutelle s'établit.

On s'est demandé si les ecclésiastiques qui se trouveraient dans cette condition seraient exemptés de la tutelle. Sur un avis du Conseil d'État en date du 20 novembre 1806 il a été décidé que cette cause de dispense s'étendrait « non-seulement aux ecclésiastiques desservant des cures et des succursales, mais à toutes personnes exerçant pour les cultes des fonctions qui exigent résidence et dans lesquelles elles sont agréées par S. M. et pour lesquelles elles prêtent serment. »

« Les notaires exerçant leurs fonctions dans un département autre que celui où la tutelle s'établit, sont-ils tenus d'accepter cette tutelle ? » Cette question a été diversement jugée. Nous nous décidons pour la négative.

Que sont les notaires? La loi du 25 ventôse an XI les déclare *fonctionnaires publics.* L'art. 427 du Code Napoléon nous dit que « tout citoyen exerçant une *fonction publique* dans un département autre que celui où la tutelle s'établit », sont dispensés de cette tutelle. Les termes du Code sont précis. Quelques auteurs, ne s'arrêtant pas à la lettre, prétendent que les fonctions des notaires peuvent se suppléer presque partout et qu'ils ne sont pas assujettis à une résidence continuelle comme les juges, les administrateurs et autres fonctionnaires salariés par l'État et qui paraissent seuls dans le cas de l'exception. Ils ajoutent que la gestion de la tutelle peut se concilier sans aucun inconvénient avec les fonctions du notariat et qu'elle a même avec elles beaucoup de rapport. (Favard de Langlade, Répertoire du notariat. Merlin, Répertoire, *verbo* Tutelle, s.^{on} 4, § 1.er., a'in. 6. *Contra :* Mr Demolombe.)

Ces raisons ne nous paraissent pas suffisantes pour être opposées aux termes précis du Code Napoléon. S'il est vrai qu'il n'existe dans les lois ni dans les décrets aucune peine contre le notaire qui n'observe pas la résidence, il n'en est pas moins vrai que son absence peut causer de graves préjudices aux intérêts importants dont il est chargé, quelque compatibilité qu'il puisse y avoir entre les fonctions de notaire et celles de tuteur.

« Le père du mineur fonctionnaire public dans un département autre que celui où la tutelle s'établit, peut-il invoquer cette excuse? »

Cette hypothèse se présentera rarement, le domicile de l'enfant étant chez son père. Cependant il pourrait se faire que le père remplisse des fonctions publiques dans un département autre que celui de son domicile. Dans ce cas nous croyons que le père pourra jouir de l'excuse. La loi ne fait pour lui aucune exception. Sans doute, il est au premier abord assez répugnant de voir un père s'excuser de la tutelle de ses enfants, cependant il peut se faire que l'intérêt même du mineur souffre de l'éloignement du père et que ce dernier consente à s'excuser dans la prévision que la tutelle sera déférée à un parent ou à un ami plus à même que lui de s'occuper des affaires du mineur.

La loi dispense encore de la tutelle (art. 428) les militaires en activité de service et tous autres citoyens qui remplissent, hors du territoire de l'empire, une mission de l'Empereur. Nous tirerons de l'art. 428 cette conséquence que l'excuse s'appliquera à tous les citoyens qui auront hors du territoire *continental* de l'empire une mission de l'Empereur.

Quant à la durée que doit avoir cette mission, la loi garde le silence. Il faudra, pour qu'elle entraîne l'excuse, qu'elle n'ait pas un caractère accidentel, car une absence de courte durée ne peut empêcher un tuteur de gérer la tutelle.

Si la mission est non authentique et contestée, la dispense ne sera prononcée qu'après la représentation faite par le réclamant du certificat du ministre dans le département duquel se placera la mission articulée comme excuse. (Art. 429.)

Les causes d'excuse de la tutelle ne peuvent pas toujours être invoquées. Les art. 430 et 431 sont précis à ce sujet. « Ceux qui ont accepté la tutelle postérieurement aux fonctions, services ou missions qui en dispensent, ne sont plus admis à s'en faire décharger pour cette cause, et ceux à qui lesdites fonctions, services ou missions auront été conférés postérieurement à l'acceptation et à la gestion d'une tutelle doivent, s'ils ne veulent pas la conserver, faire convoquer dans le mois un conseil de famille pour y être procédé à leur remplacement. »

Si la personne appelée à la tutelle remplit déjà les fonctions dont il est parlé ci-dessus on distinguera le cas où la tutelle sera dative, et le cas où elle sera testamentaire et légitime. Dans le cas où elle sera dative celui qui y sera appelé, proposera ses excuses au conseil de famille sur-le-champ, s'il est présent à la délibération (art. 438), et dans le délai de trois jours à partir de la notification qui lui sera faite de sa nomination s'il n'est pas présent (art. 439). Dans le cas où elle sera légitime ou testamentaire il fera convoquer le conseil de famille dans les trois jours, à partir de celui où il aura eu connaissance de l'événement qui lui aura déféré la tutelle.

Si les fonctions sont conférées postérieurement à l'acceptation et à la gestion de la tutelle, le tuteur fera convoquer le conseil de famille dans le délai d'un mois pour faire accepter son excuse. On comprend facilement qu'ici le délai soit plus long : la tutelle étant déjà en exercice il y a moins de péril en la demeure que dans le cas précédent. (M.ʳ Demolombe, t. 7, n.º 412.)

Le Code ajoute que si à l'expiration de ses fonctions le nouveau tuteur réclame sa décharge, ou si l'ancien redemande la tutelle, elle pourra lui être rendue par le conseil de famille. Il n'est donc pas nécessaire que les deux tuteurs soient d'accord, l'un pour quitter, l'autre pour reprendre la tutelle ; la volonté de l'un d'eux suffira pour qu'il y ait lieu à l'application de cette disposition. Remarquons que le texte dit que la tutelle *pourra* être rendue au premier tuteur par le conseil de famille. De là nous concluons que, si le conseil de famille voyait un inconvénient au rétablissement du premier tuteur ou au départ du second, il aurait le droit de ne pas faire la restitution dont nous venons de parler.

« La disposition finale de l'article 431 aurait-elle lieu dans le cas où la personne appelée à la tutelle aurait invoqué l'excuse résultant des fonctions, services ou missions non pas pour se faire décharger de la tutelle, mais pour la refuser ? » Les textes sont trop positifs pour qu'on puisse se décider pour l'affirmative. On comprend au reste très - bien le motif de la loi : quand il s'agit d'un tuteur qui s'est fait décharger de la tutelle, le conseil de famille, en le rétablissant, remet à la tête des affaires du mineur une personne qui déjà les a administrées et offre par cela même de grandes garanties. Au contraire, le tuteur qui a refusé n'a jamais été immiscé à la gestion et il serait souvent dangereux de mettre de côté le tuteur actuel pour le remplacer par un nouveau tuteur qui n'aurait aucun antécédent. On a cependant prétendu que la faculté donnée au conseil de famille d'accueillir ou de repousser la demande qui lui est faite, éloigne toute espèce d'inconvénient. (Marcadé, t. II, n.º 431.) Mais les termes du Code s'opposent formellement à cette interprétation toute raisonnable qu'elle paraisse.

Nous venons de voir les dispenses fondées sur l'intérêt général. Il nous reste à voir celles qui sont fondées sur l'intérêt privé.

§. 2.

Des causes de dispense fondées sur un intérêt privé.

Ces causes ont été introduites dans la loi non plus comme les précédentes pour sauvegarder des intérêts publics confiés au tuteur, mais dans l'intérêt même du tuteur. C'est une sorte de privilége que la loi lui accorde pour ne pas le soumettre à des fonctions trop pénibles à exercer. Ces dispenses sont contenues dans les articles 432 et suivants du Code Napoléon.

1.º « Tout citoyen ni parent ni allié ne peut être forcé d'accepter la tutelle que dans le cas où il n'existerait pas dans la distance de quatre myriamètres des parents où alliés en état de la gérer. » (Art. 432.)

Si la tutelle est une charge publique, elle est avant tout une charge de famille. Aussi, en principe, il n'y a que les parents ou alliés qui peuvent être contraints de l'accepter. Tout individu étranger à la famille du mineur pourra s'en dispenser excepté toutefois dans le cas où dans la distance de quatre myriamètres il ne se trouverait pas de parents ou alliés en état de gérer la tutelle.

Nous remarquons que cette cause d'excuse dispense *a suscipienda tutela,* mais ne suffirait pas pour décharger le tuteur *a suscepta tutela.*

Le silence de la loi ne nous permettra pas d'assimiler ce cas à celui prévu par le dernier alinéa de l'art. 431.

2.º L'âge du tuteur donne lieu à une autre cause d'excuse. — Tout individu âgé de 65 ans accomplis peut refuser d'être tuteur. Celui qui aura été nommé avant cet âge pourra, à 70 ans, se faire décharger de la tutelle (art. 433.) La loi veut que la tutelle commencée avant 65 ans se prolonge jusqu'à 70 ans, bien qu'elle accorde une dispense *a suscipienda tutela* à l'âge de 65 ans, parce qu'en effet il est beaucoup moins pénible de continuer une tutelle déjà en exercice que d'en commencer une. En outre, la loi se montre autant que possible défavorable aux changements de tuteurs.

Faut-il que la 70.º année soit accomplie ou suffit-il qu'elle soit

2

commencée? — Quelques auteurs prétendent que le premier alinéa de
l'article parlant de 65 ans accomplis, on doit argumenter *a contrario*
pour le second. Cette raison a peu de force. Il serait, en effet,
étrange que les rédacteurs du Code eussent dans une seule et même
disposition compté l'année de deux manières différentes. Il est plus
que probable que leur intention a été la même dans les deux cas,
et qu'ils ont voulu seulement éviter une redite (Valette, sur Proudhon,
t. II, p. 336).

3.º Sont encore excusés de la tutelle tous les individus atteints
d'une infirmité grave et dûment justifiée. Ils pourront même s'en
faire décharger si cette infirmité est survenue depuis leur nomination (article 434). L'infirmité doit consister dans un état per-
manent. La maladie elle-même donne lieu à l'excuse, si elle a ce
caractère de permanence, car alors elle devient une véritable infirmité. La loi exige une infirmité grave. C'est le conseil de famille qui
appréciera si l'infirmité renferme un caractère de gravité suffisant
pour dispenser de la tutelle celui qui l'invoque.

4.º Deux tutelles sont pour toutes personnes une juste dispense
d'en accepter une troisième. Cet alinéa de l'art. 435 ne s'applique
qu'à celui qui n'est ni époux ni père (MM. Aubry et Rau, sur Zachariæ, t. I, §. 107, note 14).

Par deux tutelles on entend deux patrimoines distincts. La tutelle
de deux frères ayant encore leur fortune indivise ne constitue qu'une
seule tutelle.

Un individu, époux ou père, qui sera déjà chargé d'une tutelle,
ne pourra être tenu d'en accepter une seconde, à moins pourtant
que ce ne soit celle de ses enfants. Il faut, dit la loi, qu'il soit
époux ou père; ainsi, s'il est veuf, il ne saurait invoquer l'excuse.
Il doit en outre être père *légitime;* cette condition est dans l'esprit
de la loi qui, toutes les fois que l'occasion s'en présente, fait voir le
peu de faveur qu'elle accorde aux enfants naturels. Les enfants adop-
tifs ne comptent pas non plus. Pour les enfants légitimes que la loi

permet de compter, peu importe qu'ils soient émancipés ou non émancipés, majeurs ou mineurs (Zachariæ, t. I, § 107, note 15 ; Marcadé, t. II, art. 435, n.° 1; Delvincourt, t. I, p. 113, n.° 8). C'est à la qualité de père qu'elle tient à honorer que la loi accorde ce privilége.

5.° Ceux qui ont cinq enfants légitimes sont dispensés de toute tutelle autre que celle desdits enfants. Les enfants morts en activité de service dans les armées, seront toujours comptés pour opérer cette dispense. Les autres enfants morts ne seront comptés qu'autant qu'ils auront eux-mêmes laissé des enfants actuellement existants (art. 486).

D'après le premier alinéa de cet article, il faut, pour jouir du privilége de la dispense, avoir cinq enfants légitimes. Il faut donc que l'enfant soit déjà né et encore existant. En conséquence, on ne comptera pas l'enfant seulement conçu, car l'enfant conçu ne peut être considéré comme né que toutes les fois qu'il s'agit de ses intérêts (*quotiescumque de commodis ipsius agitur*), or, ici ses intérêts ne sont nullement en question. On ne comptera pas non plus l'enfant mort, mais il n'en sera pas de même pour l'enfant qui viendrait à mourir postérieurement à l'investiture de la tutelle, il sera compté.

La règle que l'enfant mort ne compte pas n'est pas absolue. Ainsi, comme nous venons de le voir, on comptera l'enfant mort qui aura laissé lui-même des enfants actuellement existants. On comptera également les enfants morts en activité de service dans les armées impériales. Il n'est pas nécessaire, comme en Droit romain, qu'ils aient péri *in acie* en combattant. Il suffit qu'ils soient morts en activité de service, c'est-à-dire non retraités ni réformés de quelque manière, au reste, que ce soit, par suite d'une maladie ou d'un accident. On exceptera pourtant ceux qui se seront volontairement donné la mort, et ceux qui auront été exécutés[1] (Delvincourt, art. 436).

M. Demolombe ne partage pas cette opinion; il prétend qu'ils seront

---

1. Il en sera de même de ceux qui auront succombé dans un duel.

comptés comme les autres; car, dit-il, la loi ne veut pas, et avec grande raison, que l'on s'enquière du genre de mort (t. VII, n.° 437).

Ne pourrait-on pas répondre que la loi a voulu rendre hommage à la mort résultant souvent des fatigues et des dangers du métier militaire, et qu'il serait sans doute loin de sa pensée d'accorder le même privilége à une mort survenue dans les circonstances dont il est question?

Par ces mots : « *les enfants qui sont morts en activité de service,* » on n'entendra pas seulement ceux qui servent en qualité de militaires, mais encore les employés militaires, tels que les membres du corps de l'intendance, du service de santé, etc. (MM. Aubry et Rau, sur Zachariæ, § 107, note 17.)

Ces principes sont encore applicables pour les enfants qui auraient encouru la mort par suite d'une condamnation prononcée antérieurement à la loi des 31 mai, 3 juin 1854.

La survenance d'enfants pendant la tutelle ne pourra autoriser à l'abdiquer (art. 437).

Nous venons de voir les causes d'excuses qui sont contenues dans le Code. La loi a-t-elle voulu les énumérer dans un sens limitatif, ou seulement indiquer celles que le conseil de famille et les tribunaux ne peuvent refuser de prendre en considération lorsqu'elles sont justifiées, leur laissant le droit d'admettre ou de repousser toutes les autres suivant qu'ils le jugeraient convenable? M. Valette se prononce pour l'affirmative (sur Proudhon, t. II, p. 340). M. Demolombe n.° 446) discute la négative, se fondant sur ce qu'aucun texte ne motive l'opinion contraire; M. Delvincourt tranche la difficulté en disant que le conseil de famille peut admettre la démission du tuteur sans cause légitime (t. I, p. 114, note 3).

Il nous reste maintenant à examiner de quelle manière doivent être présentées les excuses. C'est le conseil de famille qui est appelé à se prononcer. Pour savoir quand elles devront être présentées, nous établirons une distinction : ou le tuteur est présent à la délibération qui lui confère la tutelle, ou il n'y est pas présent. Dans le premier cas, il doit sur-le-champ et sous peine d'être déclaré non recevable dans toute réclamation ultérieure, proposer ses excuses sur lesquelles le conseil de famille délibérera (art. 438 du C. Nap.). Dans le second cas, il peut faire convoquer le conseil de famille pour délibérer sur ses excuses. Ses diligences à ce sujet devront avoir lieu dans le délai de trois jours à partir de la notification qui lui aura été faite de sa nomination, lequel délai sera augmenté d'un jour par trois myriamètres de distance du lieu de son domicile à celui de la tutelle; passé ce délai, il sera non recevable (art. 439).

Si le tuteur a été représenté au conseil de famille par un mandataire, il jouira du délai, car il peut très-bien se faire qu'en confiant ses pouvoirs à la personne qu'il charge de le remplacer, il n'ait pas prévu qu'il serait appelé à la tutelle et ne lui ait pas, par conséquent, donné mission de les proposer.

L'idée qui domine les dispositions précédentes est celle de la promptitude qui doit signaler la présentation des excuses. En effet, il s'agit d'intérêts qui ne peuvent pas attendre et auxquels un retard pourrait apporter un préjudice notable. Quand on dit que le tuteur convoquera le conseil de famille dans un délai de trois jours à partir de la notification, il ne faut pas s'arrêter à la lettre du texte. Nous admettons que si la notification n'a pas pu parvenir au tuteur, soit par suite d'un voyage, soit par suite d'une maladie, soit autrement, le délai de trois jours courra de celui où il aura pu avoir connaissance de sa nomination (M. Duranton, t. III, p. 496).

Quand elles auront été présentées, les excuses seront admises ou rejetées. Si elles sont admises, le tuteur n'entrera pas en fonctions, et il y aura lieu à la nomination d'un nouveau tuteur. Si elles sont rejetées, le tuteur pourra se pourvoir devant les tribunaux pour les faire admettre. Mais il sera pendant le litige tenu d'administrer provisoirement. La loi garde le silence au sujet du délai qui lui sera accordé pour former ce pourvoi. De là nous concluons qu'il n'est soumis à aucun délai. Cependant pour qu'il puisse encore jouir de ce privilége, il faudra qu'il ne se soit pas immiscé à la gestion de la tutelle d'une manière complète et qu'il se soit contenté de faire les simples actes d'administration qu'il doit faire provisoirement.

Si le tuteur parvient à se faire exempter de la tutelle, ceux qui auront rejeté l'excuse pourront être condamnés aux frais de l'instance. Le tribunal appréciera s'il y a lieu de prononcer cette condamnation et il ne le fera que s'il lui est prouvé que les membres du conseil de famille qui ont rejeté l'excuse étaient de mauvaise foi.

En effet, l'idée qu'ils seraient nécessairement condamnés aux dépens si le tribunal excusait le tuteur malgré leur rejet, leur ôterait toute liberté d'action et leur ferait négliger l'intérêt du mineur par une crainte personnelle dont il leur serait impossible de se défendre. Si le tuteur succombe il suivra le droit commun et sera condamné aux dépens.

Dans le cas où le tuteur serait parvenu à l'aide de fausses allégations à se faire exempter de la tutelle, quelle peine encourra t-il ? La loi garde le silence sur ce point qu'avait prévu le Droit romain. Si aucune décision judiciaire n'est intervenue la délibération qui a admis la fausse excuse pourra être attaquée mais si le tribunal a prononcé, le tuteur ne pourra plus être poursuivi que par les voies admises contre les jugements.

SECTION II.

De l'incapacité, des exclusions et destitutions de la tutelle.

Nous avons maintenant à examiner les causes qui empêchent le tuteur d'exercer la tutelle, soit qu'il ait commencé, soit qu'il n'ait pas commencé ses fonctions. Les causes d'incapacité, d'exclusion et de destitution de la tutelle diffèrent essentiellement des causes d'excuses. Les causes d'excuses sont volontaires, elles consistent dans un privilége que celui à qui la loi l'accorde a le droit de refuser ou d'accepter ; l'incapacité, l'exclusion ou la destitution, au contraire, interdisent au tuteur la gestion de la tutelle : ce n'est plus un privilége, c'est une prohibition formelle que fait la loi à certains individus en raison de certains faits ou de certains états qui leur sont personnels. Les excuses se fondent sur l'intérêt privé du tuteur ou sur l'intérêt général.

Les causes d'incapacité d'exclusion ou de destitution, au contraire, ont été admises en faveur du mineur, dont les intérêts ne doivent pas être confiés à des mains qui pourraient les compromettre.

Il y a également des différences entre les causes d'incapacité, d'exclusion et de destitution, quoique ces trois causes produisent les mêmes effets.

L'incapacité est fondée sur des motifs résultant de l'état de certaines personnes. Elle ne porte aucune atteinte au caractère d'honorabilité et de considération de ceux qui en sont frappés.

Quant aux causes d'exclusions et de destitutions elles sont identiques; leur unique différence consiste en ce que l'exclusion s'applique au tuteur qui n'est pas en fonctions, c'est-à-dire au tuteur légitime ou testamentaire, tandis que la destitution s'applique à tous les tuteurs en exercice légitimes, testamentaires ou datifs (M. Demolombe, t. 7, n° 461).

§ 1.er

Des incapacités.

Sont incapables d'exercer la tutelle :

1.° Les mineurs excepté le père ou la mère ;

2.° Les interdits ;

3.° Les femmes autres que la mère et les ascendants;

4.° Tous ceux qui ont ou dont les père ou mère ont avec le mineur un procès dans lequel l'état de ce mineur, sa fortune ou une partie notable de ses biens sont compromis (art. 422).

Les mineurs sont incapables d'être tuteurs : en effet, il eût été déraisonnable de confier les intérêts d'autrui à des gens reconnus incapables de diriger leurs propres affaires.

Quant aux mineurs émancipés la loi ne fait aucune espèce d'exceptions pour eux. Le père ou la mère seule quoique mineurs peuvent gérer la tutelle. Mais auront-ils des pouvoirs aussi étendus qu'un tuteur ordinaire? Non, la loi ne peut pas permettre à une personne de faire pour une autre des actes qu'elle ne lui permet pas de faire pour elle-même. Nous établirons donc une distinction : relativement aux actes que le mineur émancipé peut seul faire, le père ou la mère pourra les faire. Quant à ceux pour lesquels le mineur émancipé doit être assisté, il ne pourra les faire sans cette assistance, par exemple, s'il s'agit d'intenter une action immobilière ou d'y défendre (art. 482).

Mais sera-ce le curateur du père ou de la mère ou le subrogé-tuteur de l'enfant qui donnera cette assistance? Ce sera le subrogé-tuteur puisqu'il s'agit d'affaires de tutelle (M. Demolombe, t. 7, n° 465 ; Valette sur Proudhon, t. 2, p. 343).

On a prétendu que le mandataire oblige valablement le mandant, que la tutelle est un mandat légal et que, par conséquent, le père ou la mère tuteurs doivent subir les conséquences de ce mandat. Cette opinion n'est pas admissible. Dans le cas de mandat ordinaire, le mandant ne peut s'en prendre qu'à lui-même s'il a mal choisi son mandataire; et si ses affaires sont mal gérées, il l'imputera à sa propre négligence. Dans le cas de tutelle du père ou de la mère mineure, la loi ne fait pas un choix individuel, elle ne prend pas en considération la capacité des personnes appelées à cette tutelle; or, nous ne pouvons pas supposer qu'elle se soit montrée plus négligente pour les intérêts du pupille qu'elle ne l'a été pour ceux du tuteur lui-même (M. Duranton, t. III, n° 502).

Sont aussi incapables d'exercer la tutelle :

Les interdits [1].

C'est à tort que M. Duranton prétend qu'on doit leur assimiler ceux qui ont été placés sous l'assistance d'un conseil judiciaire, dans les cas prévus par l'article 499 (t. 3, n° 503).

Les causes d'incapacité sont de droit étroit et on ne peut pas les étendre au delà des limites dans lesquelles la loi elle-même les a renfermées (M. Demolombe, t. 7, n° 468).

Les femmes autres que la mère et les ascendantes :

Bien que les femmes majeures puissent faire tous les actes de la vie civile, la loi n'a pas cru devoir étendre cette capacité jusqu'à la gestion de la tutelle. Cela tient au caractère de fonction publique qui est attaché à la tutelle et qui ne convient pas aux habitudes d'une femme; sont exceptées de cette disposition : la mère tutrice légale et les ascendantes qui ne sont pas tutrices légales, mais testamentaires ou datives. Le Code n'entend-il parler que des ascendantes veuves et non remariées? Les opinions ont été partagées sur cette question. Nous croyons que les ascendantes remariées pourront être tutrices, à la condition que leurs maris seront nommés cotuteurs. En effet, les raisons qui exigent que le second mari de la mère appelée à la tutelle soit cotuteur existent de même pour l'ascendante (M. Demolombe, t. 7, n° 472).

Sont encore incapables tous ceux qui ont ou dont les père ou mère ont avec le mineur un procès, dans lequel l'état de ce mineur, sa fortune ou une partie notable de ses biens sont compromis.

Doit-on interpréter cette disposition dans un sens restrictif, ou doit-on l'étendre jusqu'à plusieurs hypothèses qui peuvent se présenter. Ainsi l'appliquera-t-on à ceux dont *les enfants* ou *le conjoint*

1. Les interdits pour démence, car les interdits pour crime sont exclus.

ont avec le mineur un procès, remplissant les conditions dont nous venons de parler et à ceux qui ont un semblable procès avec le père ou la mère du mineur? Les causes d'incapacités énumérées par le Code sont de droit étroit. On ne peut donc pas les étendre au delà des termes de la loi. Les hypothèses que nous venons d'indiquer paraissent, il est vrai, en tous points semblables à celles prévues par le texte. Mais, quand il s'agit de dispositions de droit étroit, nous devons nous soumettre à la loi en laissant à ses rédacteurs la responsabilité d'une décision contraire à l'équité ou au bon sens. En pareille matière le commentateur doit garder le silence, il n'appartient qu'au pouvoir législatif de prononcer.

§ 2.
Causes d'exclusion et de destitution.

Aux termes de l'art. 443 :

« La condamnation à une peine afflictive ou infamante emporte de plein droit l'exclusion de la tutelle. Elle emporte de même la destitution dans le cas où il s'agirait d'une tutelle antérieurement déférée. (Art. 7 et 8 du Code de proc.)

L'article 444 déclare exclus et même destituables s'ils sont en exercice : 1.º les gens d'une inconduite notoire; 2.º ceux dont la gestion atteste l'infidélité et l'incapacité.

Il est souvent bien difficile d'apprécier l'inconduite et de dire quels sont les faits qui la constituent. Elle consiste dans le défaut d'ordre qui entraîne le dérangement des affaires comme dans le dérèglement des mœurs. Il faut, pour entraîner exclusion ou destitution, que l'inconduite soit *notoire*. Il y a certains faits qui lui donnent un caractère de notoriété incontestable, c'est ce qui arrive quand par exemple le tuteur a reçu un conseil judiciaire, ou quand il a été condamné pour quelque action scandaleuse. Hors ces cas ou d'autres analogues il n'est pas facile de constater la notoriété de l'inconduite, en raison de l'impossibilité de rechercher les secrets de la vie privée. Cette constatation qui se résume en une simple question de fait sera abandonnée à l'appréciation du conseil de famille.

Quand le père ou la mère seront destitués de la tutelle, seront-ils privés des droits résultant de la puissance paternelle? La puissance paternelle et la tutelle sont deux choses complétement distinctes. L'une est un *droit* qui appartient aux père et mère, l'autre est pour eux une charge toute en faveur du mineur. La destitution de la la tutelle n'emporte donc pas la privation de la puissance paternelle. En outre nous ne trouvons dans la loi aucune peine prononcée contre le tuteur destitué; or en matière pénale tout est de rigueur, nulle peine ne peut être infligée, si elle n'est établie par la loi, comme nulle peine ne peut être prononcée que dans les cas précis pour lesquels elle a été décrétée. (Proudhon, Traité sur l'état des personnes, t. II, chap. X, section III).

La destitution du tuteur devra être prononcée par le conseil de famille, convoqué à la diligence du subrogé-tuteur ou d'office par le juge de paix. Celui-ci ne pourra se dispenser de faire cette convocation quand elle sera formellement requise par un ou plusieurs parents ou alliés du mineur au degré de cousin germain ou à des degrés plus proches. La décision qu'est appelé à rendre le conseil de famille est des plus graves, car il doit prononcer sur l'honneur de celui qui en est l'objet; aussi la loi exige-t-elle que toute délibération qui prononcera l'exclusion ou la destitution soit motivée et ne soit prise qu'après avoir entendu le tuteur ou lui dûment appelé. Une fois la délibération faite, ou le tuteur y adhérera, auquel cas il en sera fait mention et le nouveau tuteur entrera en fonctions, ou il y aura réclamation et le subrogé-tuteur poursuivra l'homologation de la délibération devant le tribunal de première instance qui prononcera sauf l'appel. Le ministère public donnera ses conclusions. (art. 886 du Code de proc.) Le tuteur exclu ou destitué pourra lui-même en ce cas assigner le subrogé-tuteur pour se faire déclarer maintenu en tutelle. (Art. 446, 447, 448.)

La cause sera instruite et jugée comme affaire urgente. Les parents ou alliés qui auront requis la convocation pourront y intervenir.

Celui qui est exclu ou destitué d'une tutelle ne peut faire valablement aucun acte relatif à cette tutelle. La loi déclare en outre qu'il ne pourra être membre d'aucun conseil de famille. (Art. 443 du Code Nap.)

JUS ROMANUM.

De excusationibus tutorum vel curatorum.

(Institut. tit. XXV—XXVI.)

Est tutela, ut Servius definit, vis ac potestas in capite libero ad tuendum eum qui propter ætatem se defendere nequit, jure civili data ac permissa.

Tutores dantur iis qui arma gerere non possunt, id est impube-ribus. In veteri jure mulieribus quoque tutores dabantur. Sed postea nec jam tutelæ subjectæ sunt.

Nunc igitur quotiescumque impubes sui juris fit in tutelam mittitur. Si quis parens testamento tutorem purè dedit, illico tutor instituitur; si autem ex certo tempore vel sub conditione, post tempus aut conditionem tutor erit. Non tutela erit legitima, nisi cum testamentarii tutoris spes omnis amissa fuerit : sed quamdiu spes illa manebit, tutor à magistratibus dabitur, secundum legem attiliam.

Tutela munus est publicum : nullus sine justa causa illam rejicere potest. Sed excusationes admissæ sunt quæ tutela exonerant vel repellunt.

Sunt duæ excusationum species : voluntariæ et necessariæ. Volun-tariæ quæ privilegio sunt tutoris et quibus, secundum voluntatem, uti vel non uti licet. Nemo, nisi tutor ipse, excusationes volun-tarias præbere potest.

Excusationes autem necessariæ, cum præbentur, tutorem cogunt tutelam relinquere. Non solum tutori, sed etiam parentibus et proximis eas præbere licet. Si tutor præbuerit, quasi voluntariæ fuerint. Nostram igitur materiam in duas partes dividimus.

1° De excusationibus voluntariis.

2° De excusationibus necessariis.

PRIMA PARS.

De excusationibus voluntariis.

Excusationes voluntariæ vel ex privilegio vel ex difficultate administrandi, vel ex periculo nascuntur.

De excusationibus quæ ex privilegio nascuntur.

Hæ sunt: 1° Numerus liberorum.[1] — Sienim tres liberos superstites Romæ quis habeat, vel in Italiâ quatuor, vel in provinciis quinque, a tutela vel curâ potest excusari (Pr. Inst. l. I. T. XXV).

Legitimos autem liberos oportet omnes etsi non sint in potestate. Oportet autem liberos vivos esse cum tutores dantur : qui enim antea decesserunt, his non connumerantur; neque rursus nocent qui postea moriuntur. (Hoc autem videtur quidem dictum esse de tutore dato secundum testamentum : convenit autem hoc et in omni alio). Qui autem in utero est vivis non comparatur neque pro nato habetur, quoniam de commodis ipsius non agitur. Non solum

---

1. Illa excusatio proveniebat ex lege Poppæâ ea quæ cives ad conjunctiones et liberorum procreationes cogebat.

autem filii remissionem tutelæ tribuunt; et filiæ sed etiam ne-
potes ex filiis masculis nati, masculi et fœminæ (L. 2, §§ 1 à 7,
D. XXVII, t. 1 de excus.). Sed adoptivi liberi non prosunt in
adoptionem autem dati naturali patri prosunt.

Diximus defunctos non prodesse. Sed tamen si in bello amissi
sunt quæsitum est an prosint? Et constat eos solos prodesse qui
in acie amittuntur : hi enim qui pro Republica ceciderunt, in per-
petuum per gloriam vivere intelliguntur.

2° Quidam magistratus. — Gentium præsidatus puta Asiæ, Bithy-
niæ, Cappadociæ, immunitatem tribuit a tutelis quoad in præsidatu
sunt. Sane notum est quod gerentibus honorem vacationem tutelarum concedi placuit; vacare autem eos qui tunc primum vocentur
ad suscipiendum officium tutelæ : cæterum eos qui jam se miscuerint
administrationi ne tempore quidem magistratus vacare (æque notum est).

3° Presbyteri, diaconi et episcopi (Nov. CXXIII, chap. V). Prin-
cipilares qui tamen filiorum sunt tutores.

4° Jurisconsulti qui in concilio principis sunt.

5° Qui res fisci administrat a tutela, et cura', quamdiu administrat, excusatur.

6° Qui Reipublicæ causa absunt a tutela vel cura excusantur; sed
etsi fuerint tutores vel curatores, deinde Reipublicæ causâ abesse cœpe-
rint a tutelâ vel curâ excusantur, quatenus Reipublicæ causâ absunt;
et interea curator loco eorum datur : Qui si reversi fuerint recipiunt
onus tutelæ : nam nec *anni habent vacationem*, ut Papinianus libro
quinto responsorum scripsit : nam hoc spatium habent ad novas
tutelas vocati (§. 2, Inst. l. 1. t. XXV).

7° Grammatici, Sophistæ, Rhetores, Medici qui περιοδευται id est
circulatores vocantur quemadmodum a reliquis numeribus ita et
a tutelâ etâ curâ requiem habent. Est autem numerus Rhetorum
qui vacationem numeum habent.

8° Milites qui post missionem honestam. — Adversus autem filios

eorum qui eædem ordini communicaverunt et eorum qui olim milites fuerunt, intra annum quidem dimissiones remissionem habent,
post annum non habent. — Quando autem non complent quidam
militiæ tempus, et tamen habent remissionem tutelarum non eam-
dem eum iis qui compleverunt : qui enim vigesimum annum militiæ excessit, similis esse creditur ei qui complevit tempus militiæ.
Qui autem intra hos annos dimissus est, non habet continuam
tutelarum immunitatem, sed ad tempus quemadmodum et reli-
quorum civilium munerum remissionem habet : qui enim intra
quinque annos militià solutus est, nullam sibi vindicabit immuni
tatem : qui autem post quinque annos, unius anni habet immunitatem; qui autem post octo, binnii ; qui autem post duodecim
triennii : qui autem post sexdecim quadriennii: qui autem post
viginti, sicuti supra diximus continuo absolvetur (L. VIII, §§. 2, 3,
D. h. t).

De excusationibus quæ ex difficultate administrandi nascuntur.

1° Tria onera tutelæ non adfectatæ vel curæ præstant vacationem, quamdiu administrantur ; ut tamen plurium pupillorum tutela
vel cura eorumdem bonorum veluti fratrum pro unà computetur
(§. 5, Inst. h. t.) : tutela minima non prodest, sed gravior tutelà,
quamvis unica, remittit a novà tutela. Si tutelæ finis est propinquior
non prodest.

2° Propter paupertatem excusationem tribui tam divi fratres quam
per se divus Marcus rescripsit, si quis imparem se oneri injuncto
possit docere (§. 6, Inst. h. t.).

3.° Item propter adversam valetudinem propterquam nec suis
quidem negotiis interesse potest excusatio locum habet. (§. 7, Inst.
h. t.)

Si quis ita ægrotet sed oportet eum non omnino a tutela demitti in locum ejus curator interim dabitur. Sanatus autem hic rursus recipiet tutelam. Si quis autem in insaniam inciderit, similis est huic et ita Ulpianus rescripsit. Adversa quoque valetudo excusat sed ea quæ impedimento est quominus quis suis rebus superesse possit, etenim tantum ne incipiant, sed a cœpta excusantur. (L. 10, D. h. t.).

4.º Imperiti litterarum quamvis ad administrationem negotiorum apti excusantur. (§. 7, Inst. h. t.). De rusticis autem et humilibus et illiteratis scribit Paulus ita : Mediocritas et rusticitas interdum excusationem præbent secundum epistolas divorum Hadriani et Antonini.

5.º Illud usitatum est ut his qui in Italia domicilium habeant administratio rerum provincialium remittatur. Sunt alii qui etsi jam sint tutores vel curatores continuo tamen de reliquo absolvuntur a sollicitudine, puta qui domicilium alio transtulerunt. (L. 12 et 19, D. h. t.)

6.º Excusantur a tutela et curatorio qui septuaginta annos compleverunt. Excessiva autem oportet septuaginta annos tempore illo quo creantur aut quo hereditatem quis adiit', aut quo conditio, quæ testamento inscripta est, completa est : non intra tempora excusationis. Ætas autem probatur aut ex novitatis scriptura , aut aliis demonstrationibus legitimis. (L. 2, Pr. §. 1, D. h. t.).

De excusationibus quæ ex periculo administrandi nascuntur.

1.º Inimicitiæ quos quis cum patre vel pupillorum vel adultorum exercuit, si capitales fuerunt, nec reconciliatio intervenerit a tutela vel cura solent excusare, nisi tamen secundum testamentum apparuerit datus tutor ; nisi postquam scriptum sit testamentum capitale certamen eis adinvicem constitit : vel nisi antiquior quidem sit testamento inimicitia.

2.º Absolvitur autem a tutela, cum questionem quis pupillo de statu moverit, cum videtur hoc non calumnia facere, sed bona fide et hoc divi Marcus et Severus promolgaverunt. (L. 6. §. 18, D. h. t.). Status enim controversia existimatur capitale certamen.

3.º Item propter litem quam cum pupillo vel adulto tutor vel curator habet, excusare nemo se potest, nisi forte de omnibus bonis vel hereditate controversia sit. Justinianus (Novella LXXII, C. 1.) decrevit ut nullus eorum qui obligatas prohibent habere res defuncti, ipsumque minorem et ejus res, aut etiam qui aperte obligatus existet, ad curationem ejus vel tutelam accedat neque habeat licentiam tale aliquid agere.

De excusationibus necessariis.

Aliæ a tutela suscipienda, aliæ a tutela suscepta removent. Ita excusantur :

1.º Minores viginti quinque annis tutores esse queunt nisi vocentur testamento, sed nunquam a magistratibus.

2.º Milites, ac volentes a tutela remittuntur.

3.º Servi et peregrini quia tutela munus est publicum.

4.º Qui sunt furiosi mente, surdi, cœci, et qui morbo laborant.

5.º Judæi cum de christianorum tutela agitur.

Duæ sunt etiam excusationes quæ solum ad curam spectant. Alia voluntaria, alia necessaria. Prima : Qui tutelam alicujus gessit, invitus curator ejusdem fieri non compellitur : in tantum ut licet pater familias qui testamento tutorem dedit; adjecerit secundem curatorem dare : tamen invitum eam curam suscipere non cogendum ; divi Severus et Antoninus rescripserunt. (§. XVIII, Inst. h. t.). Secunda : Non potest curator esse sponsæ sponsus, creatus autem talis absolvetur. (L. 1, §. 5, D. h. t.). Ita scriptum est ne sponsus rationes non reddat.

Videamus nunc quibus modis præbendæ sunt excusationes.

Omnis excusatio sua æquitate nititur. Sed si prætendentibus aliquid sine judice credatur; aut passim sine temporis præfinitione prout cuique libuerit, permissum fuerit se excusare; non erunt qui munera necessaria in rebus publicis obeant. Itaque tutor qui excusationem voluntariam vult præbere olim ad majorem judicem appellare debebat sed scripsit divus Marcus excusationem ut alia lis, ante minorem judicem ferendam esse; et si fuerit repulsa, tunc demum ante majorem. Omnes tutores ad tutelam sive lege, sive testamento, sive magistratibus vocati hac regula utuntur. Libertini tamen se excusare non possunt, quia tutelæ onus ferentes se gratos ergo patronos præstant.

Intra dies quinquaginta continuos ex quo cognoverint se tutores datos, excusare se debent, cujuscumque generis sint, qualiter cumque dati fuerint tutores, si intra centesimum lapidem sunt ab eo loco ubi tutores dati sunt. Si vero ultra centesimum morentur, dinumeratione facta viginti millium diminorum, et complius triginta dierum. (§. XVI Inst. h. t.). Inde fit ut qui ultra centesimum lapidem habitat temporis spatio minore fruitur quam si intra. Itaque jurisconsulti statuerunt tutorem ad tutelam vocatum quinquaginta dierum spatium habere, si ultra centum milliaria in unam quamque diem numerari viginti milliaria jusserunt; dies continui numerantur. Sciendum est oportere tutores in tempore determinato non solum ad judicem accedere, sed etiam de specie remissionis testari. (L. 13, §. 8 D. h. t.). Excusationes uno momento præbere necesse haud erat. Eis licebat priores, et deinde inferiores præbere, dummodo intra tempus essent.

Non semper tamen exonerabatur tutor, si quis autem falsis allegationibus excusationem tutelæ meruerit : non est liberatus onere tutelæ. (§. XX Inst. h. t.).

De tutoribus et curatoribus suspectis.

Sunt etiam curatores et tutores qui a tutela removentur quasi suspecti, ita qui culpam latam vel dolum committunt. Suspecti crimen ex lege duodecim tabularum descendit. Datum est jus removendi tutores suspectos Romæ prætori et in provinciis præsidibus eorum et legato proconsulis. (§. 1, Inst. t. XXVI.) Tutor suspectus fieri potest, quamvis etiam patronus dummodo meminerimus, famæ parcendum esse. Parens enim, patronus, patrona liberive aut parentes patroni, patronæve neque si ob negotium faciendum vel non faciendum pecuniam accepisse dicerentur in factum actione tenentur; sed nec famosæ actiones adversus eos dantur: nec hæ quidem quæ doli vel fraudis habent mentionem. Itaque a tutela removebuntur salva eorum fama. Optimum quidem factum est curatorem eis potius adjungi quam eosdem cum notata fide et existimatione removeri.

Sciendum est quasi publicam esse hanc accusationem : hoc est omnibus patere. Quomino et mulieres admittentur, ex rescripto divorum Severi et Antonini, sed hæ solæ quæ pietatis necessitudine ductæ ad hoc procedunt, ut puta mater, nutrix quoque et avia possunt; potest et soror sed et si quæ alia mulier fuerit, cujus præter perpensam pietatem intellexerit, non sexus verecundiam egredientem, sed pietate productam, non continere injuriam pupillorum, admittet eam ad accusationem. (§. 3, Inst. t. XXVI).

Si plures tutorem vel curatorem accusare velint, proximi parentes a prætore admittantur.

Impuberes non possunt tutores suos suspectos postulare, puberes autem curatores suos ex consilio necessariorum suspectos possunt arguere. Ita divi Severus et Antoninus scripserunt. (§. IV, Inst. h. t.)

Magistratus proprio motu removere suspectum potest, sed tamen plerumque non aget antequam accusatio mota fuerit. Præterea non erit accusatio nisi quamdiu tutor vel curator munere fungetur. Si igitur suspecti cognitio susceperit, postea quam tutor vel curator decesserit, extinguitur suspecti cognitio. (§. VIII, Inst. h. t.) Nunquam adversus heredes hæc actio competit.

Si velis aliquam quasi suspectum accusare, necessariæ sunt duæ conditiones. Ejus mala administratio et rerum pupilli periculm.

Suspectus autem remotus, si quidam ob dolum infamia notatur, si ob culpam non æque (§. VI, inst. h. t.). Si quis autem suspectus postulatur quoad cognitio finitur, interdicitur ei administratio, ut Papinianus scripsit. (§. VII, Inst. h. t.)

Suspecti sunt :

1.º Qui non ex fide tutelam gerit, licet solvendo sit. Sed et antequam incipiat tutelam gerere tutor, potest quasi suspectus removeri.

2.º Tutor qui non prestat alimenta; nam si quis copiam sui non facit ut alimenta pupillo decernantur, cavetur epistola divorum Severi et Antonini ut in possessionem bonorum ejus pupillus mittatur et quæ mora deteriora futura sunt, dato curatore distrahi jubentur. Sed si tutor præsens negat propter inopiam alimenta posse decerni, si hoc per mendaciam dicat, remittendum eum esse ad præfectum urbi puniendum placuit, datis pupillo advocatis. (L. 3, §. 15. D. l. XXVI. De suspect. t. X.) Sicut ille remittitur qui data pecunia ministerium tutelæ redemerit. (§. X, Inst. h. t.)

3.º Libertus quoque si fraudulenter tutelam filiorum vel nepotum patroni gessisse probetur, ad præfectum urbis remittitur puniendus. Licendum est eos qui fraudulenter tutelam, vel curam administrant, etiam si satis offerant, removendos esse a tutela, quia satisdatio tutoris propositum malevolum non mutat, sed diutius grassandi in re familiari facultatem præstat.

4.º Suspectus enim est qui moribus talis est ut suspectus sit.

Quamvis pauper, fidelis et diligens tutor non removendus est.

Quæsi præterea potest si tutor fuerit pupilli, idemque sit curator confirmatur adolescenti an possit ex delictis tutelæ suspectis postulari? Et cum possit tutela a concuratoribus conveniri, consequens est dicere, cessare suspecti accusationem : quia tutelæ agi possit, deposito officio et alio sumpto.

DROIT ADMINISTRATIF.

Des Alignements.

L'alignement est le tracé fait par l'autorité administrative pour
fixer la limite qui sépare la voie publique de la propriété privée,
et déterminer la ligne sur laquelle les riverains peuvent planter ou
construire. Il a pour but d'assurer l'élargissement des voies publiques
ou le maintien de la largeur que déjà elles ont acquise, en empêchant
les anticipations des propriétaires qui construisent sur le bord, ou
en les contraignant à délaisser les portions de terrains comprises
dans les plans et sur lesquelles ils ne peuvent reconstruire. L'alignement a encore pour but la sécurité publique. En effet, l'irrégularité
des constructions ou des plantations qui bordent les rues ou les
routes offrent pour ceux qui les parcourent des dangers de toutes
sortes. La circulation étant plus difficile, les encombrements sont
plus fréquents; en outre, les retraits formées par les bâtiments et
les haies favorisent les malfaiteurs aux dépens de ceux qui parcourent les voies de communication. C'est pour prévenir ces attaques
nocturnes qu'en 1669, à une époque où la police n'était pas arrivée

au point d'organisation qui la distingue aujourd'hui, une ordonnance statua « que tous bois, épines et broussailles qui se trouveraient dans l'espace de 60 pieds de grands chemins seraient essartés et coupés. » Cette disposition qui resta longtemps rigoureusement obligatoire, n'est plus en usage aujourd'hui.

Différents arrêts, rendus en Conseil par les Souverains, continrent des dispositions qui, comme la précédente, avaient pour but de déterminer et de réglementer les alignements. Nous citerons, par exemple, l'édit de 1607, rendu par Henri IV.

La loi actuellement en vigueur relativement à l'alignement et à la pénalité est encore l'arrêt du 27 février 1765.

L'alignement se rattache à la grande et à la petite voirie. Nous le verrons dans ses rapports avec cette partie du droit administratif à l'aide de la division suivante qui nous a semblé la plus simple et en même temps la plus propre à jeter du jour dans cette matière.

Nous comprendrons donc tout ce qui est relatif à l'alignement dans huit sections.

Section 1.re Cas dans lesquels l'alignement est nécessaire.

Section 2. Autorité compétente pour donner l'alignement.

Section 3. Formes de l'alignement.

Section 4. Opposition à l'alignement.

Section 5. Effets de l'alignement.

Section 6. Indemnités dues aux propriétaires ou par les propriétaires.

Section 7. Contraventions en matières d'alignement.

Section 8. Compétence, instruction et pénalité en matières de contraventions relatives à l'alignement.

Cette 8.me section se subdivisera en trois paragraphes :

§. 1.er Par qui et contre qui est poursuivie la répression des contraventions.

§. 2. Juridictions compétentes pour réprimer les contraventions.

§. 3. Preuve des contraventions et pénalité.

SECTION Ire.

Cas dans lesquels l'alignement est nécessaire.

La règle générale en matière d'alignement peut se formuler ainsi : Toute propriété confinant une voie publique dépendant de la grande comme de la petite voirie, fleuve, rivière, canal, route ou chemin est assujettie à la demande préalable d'un alignement, soit qu'il s'agisse de la clôturer ou de réparer d'anciennes clôtures, d'y élever des constructions ou de réparer des bâtiments déjà existants, soit qu'il s'agisse d'y faire des plantations, toutes les fois que ces clôtures, constructions ou plantations seront faites sur la partie qui confine la voie publique.

Voyons d'abord l'alignement relativement aux grandes routes.

L'alignement a pour objet de prévenir les empiétements : aussi est-il exigé même pour les parties de route qui ne sont pas bâties. Comme nous l'avons vu par le principe que nous venons de poser, on peut élever des constructions, réparer d'anciennes clôtures ou des bâtiments déjà existants, faire des plantations sans avoir obtenu l'alignement de l'autorité compétente, que ce soit sur une grande route ou sur toute autre voie de communication. La prohibition s'étend aux murs de fondation et aux travaux confortables à l'intérieur et à l'extérieur, mais elle ne s'étend pas aux parties supérieures de l'édifice. Du reste, l'obligation d'obtenir un alignement n'est imposée qu'à ceux qui construisent immédiatement sur les limites de la route et non à ceux qui laissent une portion quelconque de leur terrain entre ces voies et les constructions. Nous remarquerons également que si un alignement étant donné, le propriétaire construit en arrière de cet alignement sans autorisation, il ne commet aucune contravention aux règlements de voirie; seulement il est tenu de se clore dans l'alignement, afin de faire disparaître les angles et renfoncements dangereux pour la sécurité publique.

L'alignement est encore nécessaire toutes les fois qu'il s'agit de réparer les murs de face et d'y faire des travaux confortatifs. M. Marchand dit que l'alignement sera indispensable toutes les fois que les travaux qui sont faits, non pas seulement au mur de face qui joint la route, mais sur la partie de la maison qui est retranchable par suite de l'alignement projeté sont confortatifs du mur de face ou constituent des constructions nouvelles; dans le cas contraire ajoute-t-il l'autorisation n'est pas nécessaire. (Encyclop. du droit. V.° Aligne-ment, n.ᵒˢ 25 et suiv.). Mais on pourra, suivant un avis du Conseil d'État, en date du 21 août 1839, faire sans autorisation les répara-tions confortables des constructions qui se trouvent en retraite de l'alignement. Pour les mêmes raisons il n'est nullement défendu aux propriétaires des maisons sujettes à reculement de faire des travaux dans l'intérieur de ces maisons, même sur la partie retranchable, lorsque ces travaux n'ont pas pour effet de reconforter le mur de face. Un propriétaire peut donc à ses risques et périls exécuter des travaux intérieurs sans autorisation préalable, seulement l'administra-tion aura toujours le droit de faire examiner si les travaux n'ont pas pour effet de reconforter le mur de face et dans ce cas d'en ordonner la démolition.

Si un plan d'alignement a été fait, le propriétaire ne peut faire aucune réparation ni aucune construction sur l'espace destiné à devenir partie de la voie publique.

L'alignement est aussi nécessaire lors même que les constructions auxquelles on se propose de faire des travaux sont situées partie sur une rue dépendant de la grande voirie, partie sur une autre rue dépendant de la voirie urbaine, ou partie sur une grande route et partie sur un chemin vicinal.

Il arrive souvent que les façades des maisons à construire sur les grandes routes ne sont pas assujetties à un plan uniforme. Dans ce cas tous les propriétaires peuvent bâtir comme il leur convient, ils devront seulement se conformer à l'alignement.

L'alignement est nécessaire non-seulement pour les constructions et réparations à faire sur les grandes routes, mais encore pour celles à faire sur les voies urbaines. Les propriétaires riverains des voies urbaines ne pourront donc réparer ni construire sans autorisation préalable. On a mis en question de savoir, si cette autorisation serait toujours nécessaire, quelle que soit la cause qui oblige le propriétaire à réparer ou à construire, par exemple si les dégradations avaient été occasionnées par la malveillance ou par la démolition de bâtiments voisins. On a admis l'affirmative. Dans le cas où une maison menaçant ruine aurait été démolie par ordre de l'autorité administrative, elle ne pourra être reconstruite sans autorisation, s'il existe un règlement sur l'alignement des rues qui défende de réparer et de reconstruire. (Cass. 30 déc. 1826).

Quant aux rivières navigables et flottables les riverains ne peuvent faire sur les bords aucune espèce de travaux même défensifs sans autorisation.

Les propriétaires riverains des chemins vicinaux n'étaient point soumis à l'obligation de demander l'alignement avant la loi du 21 mai 1826. Les maires pouvaient seulement l'imposer comme mesure municipale. Mais, aujourd'hui l'art. 22 de la loi du 21 mai 1836 ne permet plus de douter qu'ils doivent demander l'alignement aux préfets.

SECTION II.

Autorité compétente pour donner l'alignement.

C'est à l'administration générale qu'il appartient de donner l'alignement. Mais il est fort important de savoir à quelle autorité administrative on doit s'adresser. En effet, s'il était donné par une autorité incompétente, il serait considéré comme non-avenu.

L'alignement sera donné par des autorités administratives différentes, selon qu'il s'agira de grande ou de petite voirie.

Le décret du 27 février 1765 avait relativement aux grandes routes confié le soin de donner les alignements aux trésoriers de

France. Maintenant en matière de grande voirie, c'est aux préfets qu'appartient le droit de donner l'alignement : à Paris où toutes les voies publiques sont assimilées à la grande voirie, c'est le préfet de la Seine qui donne des alignements provisoires à défaut de ceux résultant de plans régulièrement adoptés. Un arrêté du Conseil d'État, en date du 29 août 1821, a déclaré les maires incompétents pour donner un alignement sur une route départementale. En effet, les maires n'ont en matière de grande voirie qu'un droit de surveillance pour réprimer les contraventions. C'est donc le préfet seul qui sera compétent.

Relativement aux rues et autres voies, la loi des 16 - 24 août 1790, art. 30, remit aux municipalités la police de la voirie communale.

Dans les villes les alignements pour l'ouverture de nouvelles rues, pour l'élargissement des anciennes qui ne font point partie d'une grande route, ou pour tout autre objet d'utilité publique, sont donnés par les maires, conformément au plan dont les projets auront été adressés aux préfets, transmis avec leur avis au ministère de l'intérieur et arrêtés au Conseil d'État (Loi du 16 septembre 1807, art. 52).

Il peut arriver qu'un préfet soit appelé à statuer en matière de voirie urbaine, par exemple, dans le cas où un maire refuse de donner l'alignement, ou encore sur le recours des parties contre un arrêté municipal ; mais les alignements qu'il délivrerait en premier ressort sur les rues municipales seraient nuls.

L'adjoint donnerait régulièrement un alignement si le maire était empêché, s'il était par exemple intéressé à l'alignement. Mais il faudrait qu'il soit maintenu par le préfet et approuvé par le ministre de l'intérieur (Conseil d'État, 7 mai 1823).

Dans les places de guerre, aux termes du décret du 24 décembre 1811, art. 75, l'autorité civile doit concerter avec l'autorité militaire les plans nouveaux des rues et places de communication directe avec la place d'armes, les bâtiments militaires, les remparts ou autres lieux consacrés aux exercices et rassemblements de troupes. Les propriétaires bordant la rue du rempart ne peuvent les réparer qu'après en avoir fait la déclaration à l'autorité militaire et obtenu son autorisation.

Toute autorité incompétente qui aura donné un alignement sera coupable d'usurpation de fonctions, et pourra en tous cas être soumise à une action civile en garantie de la part des propriétaires et ouvriers contrevenants.

SECTION III.

Formes de l'alignement.

Quand un particulier voudra obtenir l'alignement, il présentera sa demande à l'autorité compétente. En matière de grande voirie les alignements seront délivrés d'après des plans arrêtés par des ordonnances rendues en Conseil d'État. L'ordonnance qui approuve un plan d'alignement a pour effet de fixer le sort des propriétés riveraines par une mesure d'ensemble toujours favorable à l'intérêt général et plus rassurante pour la propriété.

Les préfets statuent sur les demandes des parties d'après les rapports des ingénieurs auxquels est joint ordinairement un plan. Les alignements pour la voirie urbaine sont donnés par les maires d'après les plans arrêtés au Conseil d'État. Si les communes ont deux mille âmes ou plus, les plans des rues devront être soumis à la sanction de l'Empereur.

Les plans généraux doivent être levés dans des formes particulières. Ils resteront pendant huit jours consécutifs déposés dans une salle de la mairie. Des affiches apposées dans la commune préviendront de ce dépôt les citoyens qui seront admis à présenter leurs réclamations. Le maire dressera un procès-verbal, dans lequel il fera mention de ces réclamations ou constatera qu'il n'en a point été fait.

Les maires devront apporter dans la levée des plans la plus grande diligence. Dans le cas de négligence de leur part, les préfets les feront lever d'office aux dépens de la commune.

Tant que l'alignement n'a pas été approuvé par le Conseil d'État, les parties intéressées peuvent intervenir soit par voie de pétition devant le maire, le sous-préfet, le préfet ou le ministre, soit par l'entremise d'un avocat au conseil.

En matière de petite voirie, l'autorisation de construire sur la voie publique n'est valable qu'autant qu'elle a été donnée par un arrêté en forme.

Le maire doit signifier l'arrêté d'alignement à la partie intéressée, faire tracer en sa présence sur le terrain les points principaux de cet alignement et dresser un procès-verbal pour constater les faits de cette opération.

Les alignements sont donnés sans frais, sauf 1.º ce qui concerne la ville de Paris pour laquelle le tarif de droits à payer est fixé par le décret du 27 octobre 1808; 2.º l'application de l'art. 3, §. 1.ᵉʳ, de la loi du budget des recettes de l'exercice de 1833.

SECTION IV.

Opposition à l'alignement.

L'alignement donné par l'autorité compétente peut préjudicier aux intérêts de la voirie comme il peut porter atteinte aux droits des tiers. Dans le premier cas, les particuliers n'ont pas droit pour l'attaquer. Dans le second, ils peuvent en demander la réformation : mais ce droit n'appartient jamais qu'à la partie lésée.

Quand on veut faire réformer l'alignement, il y a deux hypothèses à prévoir : ou il existe ou il n'existe pas de plan général d'alignement.

Première hypothèse. S'il existe un plan général d'alignement, on fera la distinction suivante : ou il s'agira d'attaquer un arrêté du préfet que l'on reconnaîtra avoir été rendu en conformité avec le plan général, ou il s'agira de soutenir que le préfet a fait une mauvaise application du plan. Dans le premier cas, l'acte du préfet n'étant que la conséquence de l'ordonnance du Conseil d'État, c'est la réformation de l'ordonnance elle-même qu'il faut demander, ce qui ne peut avoir lieu dans la forme contentieuse. Dans le second cas, la question rentre dans le contentieux puisque les particuliers ont le droit d'exiger l'exécution du plan (Conseil d'État, 30 juin 1842).

2e HYPOTHÈSE. — En l'absence d'un plan général, l'arrêté par lequel l'autorité autorise un alignement partiel, est un acte purement administratif et de pouvoir discrétionnaire, qui ne peut être attaqué que par la voie administrative. S'il est émané du Maire, c'est au Préfet qu'il faut le déférer; s'il est émané du Préfet, ou si seulement ce fonctionnaire l'a maintenu, il sera déféré au Ministère de l'Intérieur.

Toutes les fois qu'un Maire voudra attaquer le décret qui aura rectifié le tracé d'une route impériale, et approuvé les alignements d'une place traversée par cette route, il devra le faire non par la voie contentieuse, mais seulement par l'intermédiaire du Ministre de l'Intérieur, conformément à l'article 52 de la loi du 16 septembre 1807.

L'administration étant la seule à laquelle il appartient d'apprécier les circonstances qui peuvent donner lieu à accorder ou à refuser l'autorisation de faire des réparations; les décisions prises par elle en cette matière ne peuvent être attaquées par la voie contentieuse.

Lorsqu'un particulier a obtenu de l'autorité municipale un alignement pour construire une maison, il n'y a aucun délai de rigueur ni pour commencer les travaux d'alignement donnés par le Maire, ni pour recourir devant le Préfet contre cet alignement. On peut donc recourir devant le Préfet, même après l'exécution d'une partie des travaux de construction autorisés, à l'effet d'obtenir que l'alignement soit modifié.

Si le Préfet modifie l'alignement donné, il ne doit le faire que sous la réserve d'une indemnité pour la démolition des constructions faites de bonne foi par le propriétaire, depuis l'arrêté de l'alignement pris par l'autorité municipale jusqu'à la notification de celui qui prescrit la suspension des travaux.

Dans le cas où une question de propriété viendrait à s'élever, le Préfet serait fondé à rapporter l'arrêté par lequel il aurait donné l'alignement, et le Conseil de Préfecture excéderait ses pouvoirs s'il maintenait un alignement donné et ensuite révoqué par le Préfet (Conseil d'État, 7 mars 1821).

SECTION V.

Effets de l'alignement.

Quand l'alignement est donné, deux effets peuvent se produire : ou le propriétaire, pour se conformer à l'alignement, est contraint de se démolir et de céder au domaine public une portion de propriété qui s'incorpore à la route; ou au contraire l'alignement rejette en dehors de la voie publique une portion de terrain inutile.

Dans le cas où c'est le propriétaire qui subit le retranchement, dès qu'il a fait les démolitions nécessaires, il se trouve par le fait dépossédé de l'emplacement compris dans le plan d'alignement. Il ne peut ni l'enclore, ni l'utiliser d'une manière quelconque. Il est grevé d'une sorte de servitude, mais jusqu'au paiement de l'indemnité il conserve la propriété du fond. Dans le cas, au contraire, où le terrain est jeté en dehors de la voie publique par le plan d'alignement, la loi du 15 septembre 1807 art. 53, décide que le propriétaire sera tenu de payer la valeur du terrain qui lui sera cédé, et qu'au cas où il ne voudrait pas l'acquérir, l'administration publique sera autorisée à le déposséder de l'ensemble de sa propriété, en lui payant la valeur telle qu'elle était avant l'entreprise des travaux.

La loi a employé ici un moyen de contrainte pour forcer un propriétaire à acquérir un terrain libre qui serait une dépendance inutile du domaine de l'État.

Il arrive souvent que des maisons souffrent des travaux faits par les propriétaires voisins qui exécutent le reculement prescrit par l'alignement. Ces propriétaires ne seront pas responsables des dégâts qu'ils causeront, à la condition pourtant de faire des ouvrages au moyen desquels ils pourvoieront autant qu'il dépendra d'eux à la solidité des maisons voisines.

Enfin l'alignement a pour effet, soit de donner au riverain droit à une indemnité pour le terrain qui lui est retranché au profit de la voie publique, soit de l'obliger à payer la valeur du terrain qui détaché de la voie publique lui est abandonné. Ce qui concerne cette indemnité fera l'objet de la section suivante.

SECTION VI.

Indemnités dues aux propriétaires ou par les propriétaires.

L'indemnité, qui par suite d'un alignement peut être due aux riverains, a ordinairement pour objet le terrain retranché.

Parmi les faits qui donnent naissance à l'indemnité, nous citerons le changement que l'administration fait subir à l'alignement primitivement assigné. Le changement donne lieu à l'indemnité sous la réserve toutefois de la distinction suivante : si l'alignement ayant été modifié, le changement qui y a été apporté a été notifié au propriétaire avant tout commencement de construction, celui-ci n'aura droit à aucune indemnité. L'indemnité lui sera due au contraire, dans le cas où la notification sera postérieure aux premiers travaux (M. Foucart, Éléments de D. publ. t. II, n° 1159).

Lorsqu'un particulier a reçu un alignement, et que le Préfet a depuis donné un alignement différent, qui le forcera de reculer plus tard ses bâtiments, il ne sera pas fondé à se plaindre si tous droits à une indemnité lui ont été réservés.

Toutes les fois qu'un riverain d'une grande route prétendra que la largeur primitive de cette route aura été augmentée au devant de sa propriété, il devra, s'il veut avoir l'indemnité, prouver cet élargissement.

Il s'agit maintenant de savoir contre qui sera réclamée l'indemnité pour l'alignement. S'il s'agit de grande voirie, elle sera réclamée contre l'État; elle pourra l'être contre les communes, lorsque l'alignement aura été donné sur les plans, rues et autres voies communales.

L'indemnité à laquelle donne naissance l'alignement, qui retranche au riverain une partie de sa propriété, peut être réglée amiablement entre l'État ou la commune, et le propriétaire. Les communes n'ont pas besoin de l'autorisation préalable de l'administration ou du Gouvernement pour ces sortes d'acquisition, lorsqu'elles agissent en vertu de l'art. 52 de la loi du 16 septembre 1807.

Quand le plan général d'alignement met les propriétaires des constructions qui bordent une route actuellement existante dans la nécessité de reculer ou d'avancer, l'État peut, s'il veut exécuter immédiatement, employer les formes de l'expropriation; et s'il veut attendre que la vétusté contraigne les propriétaires à démolir leurs édifices, pour n'avoir à payer que la valeur du sol, se borner à agir par la voie de l'alignement ou expropriation tacite. Cette distinction a une grande importance relativement à l'indemnité, qui, en cas d'expropriation est fixée immédiatement, tandis qu'en cas d'alignement, elle ne peut être déterminée que plus tard.

Quant à la valeur que devra représenter l'indemnité, on ne doit prendre en considération que celle du terrain enlevé, et non pas la diminution qui pourrait résulter du retranchement pour la propriété. La loi est partie de cette idée, que la nécessité de former sur les routes des alignements qui en assurent la viabilité et la régularité, devait être considérée comme une servitude emportant l'idée du sacrifice de la propriété riveraine.

Relativement à la question de savoir qui fixera les indemnités dues pour terrains retranchés, nous dirons que pendant longtemps les tribunaux civils ont fait cette fixation. Mais il est évident qu'elle doit rentrer dans la compétence du Jury d'expropriation pour cause d'utilité publique.

SECTION VII.

Contraventions en matière d'alignements.

Il y a en matière d'alignements deux sortes de contraventions : les unes qui résultent du seul défaut d'autorisation, sans faire saillie sur l'alignement, les autres de l'empiètement sur le sol de la route ou de l'inexécution des conditions auxquelles l'autorisation a été accordée. Les premières ne sont punies que d'une amende, les autres en outre de l'amende motivent la démolition des constructions.

De simples réparations peuvent constituer également des contraventions, qu'elles aient eu lieu avec ou sans autorisation, si elles doivent avoir pour résultat la consolidation des édifices situés sur la voie publique et retranchables. Il est donc fort important de bien déterminer ce qu'on entend par travaux confortatifs, puisque ces travaux seuls entraînent la démolition et l'amende. Les travaux sont confortatifs, quand ils sont de nature à prolonger la durée de l'édifice, non confortatifs dans le cas contraire. Ainsi par exemple les badigeons et les peintures ne sont point compris dans la prohibition. Le récrépissage est considéré comme travail confortatif lorsqu'il est fait sur un mur construit en moellons ou en pierres de dimensions inégales. (Conseil d'État, 11 décembre 1838).

Ne sont pas considérés comme confortatifs les travaux qui con
sistent à refaire une partie d'un mur avec des matériaux neufs pour
pratiquer des ouvertures de croisées.

Les travaux sont considérés comme non confortatifs si l'avantage
acquis sous le rapport de la solidité est compensé par l'exhaussement.
Par la raison inverse l'abaissement d'un mur est un travail confortatif.

Il y a un grand nombre de faits qui peuvent donner à des
travaux le caractère de travaux confortatifs. Ils sont laissés à l'appréciation des juges; ceux que nous venons de citer sont à titre
d'exemples.

Le particulier autorisé à reconstruire la façade de sa maison par
un arrêté du Préfet et qui a jeté les fondations de son mur en se
conformant à cet arrêté, se trouve-t-il en contravention, si une ordonnance émanée du souverain vient à changer l'alignement?

Le Conseil d'État (3 mai 1839) a décidé qu'il ne pourrait être
considéré comme étant en contravention, à moins que l'ordonnance
ne lui eût été signifiée.

SECTION VIII.

Compétence, instruction et pénalité en matières de contraventions relatives à l'alignement.

§ 1.er

Par qui et contre qui est poursuivie la répression des contraventions.

En matière de grande voirie c'est à l'administration seule qu'appartient le choix et qu'est imposé le devoir de poursuivre la répression
des contraventions. En matière de petite voirie, l'action publique
est exercée par le fonctionnaire chargé de remplir les fonctions du
ministère public auprès du tribunal de simple police.

En cas d'anticipation faite sur la voie publique dans une commune
le maire seul a qualité pour en poursuivre la répression. Ce choix
n'appartient pas individuellement aux habitants quand les construc-

tions élevés ne nuisent point à l'usage public de la rue et notamment à la desserte particulière des maisons voisines.

Les mesures répressives par suite de constructions faites sans autorisation par le locataire doivent atteindre le propriétaire de l'édifice, sauf à ce dernier à faire valoir ses droits contre le locataire.

Le nu-propriétaire et l'usufruitier sont tous deux responsables des contraventions commises par celui qui administre en leur nom. (Conseil d'État, 16 mai 1837.)

L'entrepreneur ou maçon qui fait des reconstructions sur la voie publique sans que l'alignement ait été préalablement obtenu est personnellement passible de l'amende comme le propriétaire lui-même. (Cassation, 26 mars 1841.) La raison en est que le constructeur est présumé mieux connaître que le propriétaire lui-même, les règles auxquelles l'exercice de sa profession l'assujettit.

§ 2.

Juridictions compétentes pour réprimer les contraventions.

Les contraventions aux alignements en matière de grande voirie sont de la compétence des conseils de préfecture sauf appel au Conseil d'État (L. 28 pluv. an VIII).

Les conseils de préfecture sont compétents pour connaître des contraventions relatives à des réparations faites sans autorisation à une maison dépendant à la fois de la grande voirie et de la voirie urbaine (Conseil d'État, 7 mars 1821).

En matière de petite voirie, les contraventions sont du ressort des tribunaux de simple police (Conseil d'État, 3 mars 1825). C'est aux tribunaux de simple police qu'il appartient de réprimer l'infraction aux ordres donnés par l'autorité municipale pour faire disparaître les travaux par lesquels les habitants ont anticipé sur la voie publique dans les rues et places qui ne font point partie des routes impériales et départementales. C'est aussi aux tribunaux et non aux conseils de préfecture à prononcer sur les contestations relatives au règlement de frais de démolition en matière de petite voirie (Conseil d'État, 23 janvier 1820).

Un maire peut soumettre au tribunal civil une action tendant à la démolition d'un mur construit en contravention au plan d'alignement, encore bien que précédemment ce même fait ait été l'objet d'une poursuite devant le tribunal de simple police, qui a rendu une sentence prononçant l'amende seulement (Colmar, 20 février 1840).

§ 3.

Preuve des contraventions et pénalité.

Les contraventions en matière d'alignement sont constatées par les mêmes officiers que les contraventions à la voirie en général. L'art. 2 de la loi du 23-30 mars 1842 porte que les piqueurs des ponts et chaussées et les cantonniers, chefs commissionnés et assermentés à cet effet, peuvent constater tous les délits de la grande voirie concurremment avec les fonctionnaires et agents dénommés dans les lois et décrets antérieurs sur la matière. Cependant l'agent voyer, chargé de surveiller l'entretien et la réparation des chemins vicinaux, n'a pas qualité pour constater les contraventions. Cette constatation se fait par procès-verbaux. A défaut de procès-verbaux, le tribunal peut ordonner une expertise pour constater les faits.

Quand une personne est accusée de construction, de reconstruction ou de réconfortation, et qu'elle prétend que les travaux par elle faits ont été autori és, c'est à elle qu'incombe la preuve et non à l'administration. Le prévenu peut, tout en avouant la matérialité du fait des travaux, contester devant le tribunal de simple police la qualification qui leur est attribuée et soutenir qu'il n'ont pas le caractère constitutif de la contravention.

Il nous reste maintenant à examiner la pénalité en matière d'alignement. Ces peines ont été fixées par les déclarations du Roi des 27 février 1765, 1.er septembre 1779, 10 avril 1783 et 25 août 1784; par la loi du 16 septembre 1807, art. 50, et par l'art. 471 du Code pénal. Elles consistent dans l'amende, la démolition et la confiscation des matériaux. Depuis longtemps la confiscation des matériaux n'est plus appliquée.

L'amende en matière de grande voirie est, pour ce qui concerne les routes dont s'occupe l'arrêt du conseil du 27 février 1765, de 500 fr. En matière de petite voirie, les contrevenants sont punis d'amende depuis 1 fr. jusqu'à 5 fr. inclusivement (C. pén., art. 471, §. 5). L'amende est encourue par le seul fait de construction ou de reconstruction sans autorisation, quand même il n'y aurait pas d'anticipation. Seulement dans ce cas il n'y a pas lieu à la démolition; c'est du moins la règle consacrée par la jurisprudence.

Si l'infraction consiste dans une anticipation et qu'un règlement postérieur venant à déterminer l'alignement à nouveau, laisse les constructions en deçà de l'alignement, il y a lieu également de maintenir ces constructions à la charge de satisfaire aux conditions du règlement.

Ceux qui ont construit ou qui ont réparé un mur sujet à reculement, sans se conformer à l'alignement, doivent outre l'amende être condamnés à la démolition des constructions par eux indûment élevées (Cass. 10 novembre 1836; Colmar, 16 février 1837).

En matière de grande voirie, quand il est constaté qu'un particulier a construit ou réparé sa maison bordant une grande route, sans l'autorisation de l'autorité compétente, le conseil de préfecture, par cela seul qu'il ordonne la démolition des constructions, ne peut pas se dispenser de condamner à l'amende la partie contrevenante.

Nous terminerons par une question qui a été l'objet d'une longue controverse entre divers auteurs. Nous avons vu que celui qui bâtit sur le sol public et qui y commet une anticipation encourt l'amende et la démolition. Mais s'il n'a pas bâti sur le sol public, s'il n'a pas